IMMOBIL

UFULDENDTE SERENADER

Et Sloterdijksk sfærebind

Kim Gørtz

IMMOBIL

UFULDENDTE SERENADER

Et Sloterdijksk sfærebind

2024

SAGARO REC & PUB

ISBN: 9788743058786

Forlag: BoD – Books on Demand, Hellerup, Danmark

Tryk: BoD – Books on Demand, Norderstedt, Tyskland

I den aktuelle verdensproces, der giver sig udtryk i
en fremskyndet katastrofedrift, oplever
menneskene både som udøvere af og som ofre for
mobiliteten deres primære livsform som noget, der
fører et forkert sted hen.

Peter Sloterdijk

Eurotaoisme, s. 10, 1989/2022

Kyndig bitterhed

Kritikken af fremmedgørelsen

At kunne kritisere verden som verden, som en masochistisk totalkontemplation, der fører over i det metafysiske flip – en kommen-til-verden, korrigeret af en majeutik, der handler om at ankomme til jorden og at frembringe verdener.

Individualkosmogoni – enhver fødsel er en chance for en verdens-opståen. Den majeutiske filosofi taler om en anstrengelse, som de virkeligt opståede individer må tage på sig for at være til. (Sloterdijk, s. 11, 1989/2022)

Som et transparent liv, som en verdensklage; at opdage en langsomhed, som en kinetisk utopi, som en lapsus, som en revnet, rullende og tænkende lavine, drønes der af sted – som en art ontologisk mærkværdighed, en selvrefleksiv naturkatastrofe;

bragt i fare af livets storm træder selv de masser løs, som det risikerer at blive begravet under. (Sloterdijk, s. 17, 1989/2022)

Som tidsdiagnostiker;

at nærme sig det uforståelige, det ubeskrevne og det udeladte i den aktuelle verdensproces, i den blinde, dystre begivenhedshvirvel, med vakuummer og depressioner, lidelser, hændelser og processer, som passivitet – bevægelsen er revet løs.

Vi konstaterer med stigende ubehag, hvordan de automatiske følger af den moderne verdensproces griber ind over de kontrollerede projekter; frem af bevidstheden om den spontane fornuftstyrede selvvirksomhed dukker en fatal fremmedbevægelse op, som flygter fra os i alle retninger. Det, der så ud som et kontrolleret opbrud i retning af frihed, viser sig nu som en udskridning ud i en ukontrollerbar katastrofal heteromobilitet.
(Sloterdijk, s. 17, 1989/2022)

Netop deri består den uhyggelige mobiliseringsproces, der bringer alt, hvad der eksisterer af kraftreserver, til "fronten", og driver alt, hvad der er af potentiale, frem til realisering.
(Sloterdijk, s. 27, 1989/2022)

I og med at Vesten drømmer sig ind i et forsvundet Østen og påkalder en asiatisk antik som en gyldig kulturmodel for det aktuelle liv, søger den i den fremmede fortid efter muligheder for sin egen fremtid.
(Sloterdijk, s. 42, 1989/2022)

Økologerne, de autonome, fundamentalisterne, de naturreligiøse og de grønne pacifister er alle indfanget i en ældgammel historie af revolter og revolutioner, i hvilke en ældre utilfredshed med verden allerede har fået sit klassiske udtryk.
(Sloterdijk, s. 50, 1989/2022)

Indhold

Den menneskelige bevidsthed har i mange
henseender en evne til at forblive immun over
for den katastrofiske evidens.

Sloterdijk, s. 55, 1989/2022

Filosofisk samtidstolkning

Jordens ødelæggelse, økologisk regulering,
materiel reproduktion af liv, kapitalprocesser,
"arbejde overhovedet", selv-produktion,
økonomiske profitmotiver,
konkurrencemotiver, merbevægelse;
mobiliseringsspiraler.

Længere, hurtigere, mere intensive
selvaktualiseringer, asketiske
selvintensiveringer, akkumulationer, råstoffer,
energikilder, kognitive mobiliseringer,
senmoderne accelerationseffekter;
livsvirkelighedens fordampninger.

Den lyse og klare aften. Den frit formet og
underholdende kærlighedssang. Som en
forelsket bejler synges disse sange til en elsket
læser: Immobil. *Ufuldendte serenader. Et
Sloterdijksk sfærebind.*

Det er helt Sloterdijksk!

1. Bevægelse, mobilisering; procesnar
2. Den filosofiske flirt
3. Global forsømmelse
4. Væren-for-hvilen-i-bevægelsen
5. Livsviljens kinetik

Ufuldendte serenader på vej

Fremmed

Et Rosask resonansbind

Flugt

Et Deleuzesk rhizombind

Livsvilje

Et Nietzschesk kraftbind

Negativ

Et Adornosk fortryllelsesbind

Tidligere udgivet

Frifundet. *Et Kafkask procesbind*

Inderlig. *Et Kierkegaardsk eksistensbind*

Væsentlig. *Et Heideggersk værensbind*

Aura. *Et Benjaminsk passagebind*

Hellig. *Et Agambensk nøgenbind*

Præsens som ophold i det åbne opstår jo først
gennem den menneskelige kommen-til-
verdens bevægelse, og ligegyldigt hvor denne
bevægelse sætter ind, så får det fødelige, det
præsentiske og det åbne sin profil i én og
samme proces.

Sloterdijk, s. 75, 1989/2022

Den katastrofesvangre verdensbevægelse

Selv-accelererende propeller, berigelsens erobringer, utilfredshedens kim til en kultur, der mærker panikken, med de nære bekymringer, som nutidens signatur; "der åbner sig et sort hul i tiden", med makabre undertoner holder verden vejret, som en nutid uden tårer med panisk folie, og med det store bagvedliggende oceans diskretion.

Kom nu ud af kontrol; *det menneskelige nervesystems makabre tilbøjelighed til at skaffe sig pirring ved hjælp af stærkere og stærkere stimulanser*, alle de sindsforvandlende energier, den slående omvæltning af underet – som en direkte konsekvens af det, de forblændede aktivister tumler med.

Sindsforvirrende erkendelseslyn, radikale mentalitetsændrende indsigter, dæmoniske forbrændinger, der, som advarselssmerte, bundet til lidelsen, og "menneskehedens drama", transformerer sig selv, som et selvstudium, hvor man belærer sig selv om sig selv, som *de lokale intelligensers hårde økologi – vagtsomhedsorganet.*

Jorden forvandles til ørken, *metanoia* (besindelse eller omvendelse), en planetarisk naturbeherskelsespolitik, et naturforbrugende ego, et modermord; "erkend din situation!"

Verdenssmerten, *og den holistiske bevidsthedsindustri, der lever af metafysiske plagiater* (at springe flere tusind år tilbage), skrækken for den altædende tid, gennemlysningsontologierne og 'sfærernes' forfald, en såret tid med længslen efter forstening, ensomhedsrusen og evighedens sandkorn; vækker den suspekte bevægelseskult.

"Rædslen over den irreversible bevægelse bliver ikke længere besvaret med flugten ind i det ubevægede, men med flugten ind i det flygtige." (Sloterdijk, s. 72, 1989/2022)

Den præsentiske eksistens, livet i øjeblikket, det levende øjeblik; præsentismen med verden som ankomstrum, vor nervøsitet i det afslappede liv, i livets store kæde, sønderrevet ved den aggressive mobilisering, som en foruroligende flad og grå kile.

En lettelse; den holistiske løgn bragt til afslutning;

noget opbrudt, noget såret, noget der er gået op i fugerne – en aggressiv kile, en verden, der er faldet fra hinanden, en fordærvet verdenstekst.

Det vævede, det knyttede, det konsonante, som skitser til et helt liv: *"Hvornår er helheden hel? Måske når den som helhed falder ned i intetheden."* (Sloterdijk, s. 80, 1989/2022)

Filosofien forvandler sig til gynækologi ...

'Vending' kunne være titlen på subjektets afspænding fra sine selvfødende udvidelser. Den ville i så fald betegne en overgang fra en værensform, der var besluttet på alt, til en værensform, der tog mere afslappet på en del ting. I overgangen ligger verdens skrøbelighed åben.

Sloterdijk, s. 106, 1989/2022

Frihedens fysik

Udvejsløse *double binds*, livstræthedens gysen ved det uendelige rums tavshed, depressivitetens fremmedgørelsesfilosofi, og den lille lærdoms lykke, hæmningsmekanismerne og den rasende flugt fremad – og alle de store anstrengelsesprogrammer som munder ud i udmattelse, overanstrengelserne og alle de makværk af fortvivlelser; at sige ja til livet som helhed, ligesom en art verdens fortryllelse.

Er nået til et vendepunkt, til en livshæmning, til et forsinket kamikaze, til en verdens- og livsdevaluering med selvmorderiske dybder, til *en radikal negation af alt det, der kan kaldes for "vitale værdier"*, til en udhulende vilje til intet; dødsattesten for vesterlandet.

Med harmløse bølger af livstræthed noteres et eget tungsind, en træthed og en erhvervet depression; som tilbagegangsfornemmelsernes arkæologi, hvor tilintetgørelsen breder sig; *'man mærker ikke noget, man mangler bare noget'*.

Det rædselsvækkende æder sig frem og ind i det uvisse som et styrt ned i det uholdbare, som et kronisk misfoster dør mennesket, som berøves ethvert håb; som en slagskygge, i en livsvildførelse og med en holdningsfejl – en rigtig løfterig fødselsfilosofi, nærmer sig sammenbruddet.

Når selvintensiveringssløjferne og mobiliseringsbølgerne ebber ud, udtømmer tilfældets autohypnotiske kræfter den første fødsel; og dunkelheden, glemslen samt det stille liv kommer ud i det uhyggelige.

Forbløffelsesresistensens trøstesløshed og verdenslede: *"Hvorfor stadig lave vittigheder, når vi selv er vittigheden?"* (Sloterdijk, s. 112, 1989/2022) Intet kan længere tages alvorligt; *"... at filosofere i dag vil sige at underkaste sig det besvær ikke at skrive satire."* (Sloterdijk, s. 113, 1989/2022)

Verdensøjeblikkets filosofiske profil er en offensiv diagnose: *"Lysgørelse betyder tilintetgørelse – reduktion, frisættelse, forvandling og mobilisering."* (Sloterdijk, s. 115, 1989/2022) En afskylning af en fantomagtig, regulær prakticisme, en livsøkonomisk sensibilitetskløft.

Alle de tomme hylstre, forstummelsens eksistentielle og tætte sprog, den ensomme kamp mod ensartetheden, i den intellektuelle skumring sker en åndelig revitalisering mod sprogets eksistentielle kilder; som våbenstruttende afskydningsramper legemliggøres de metafysiske præmisser for begreberne.

I mobiliseringshvirvlernes noble spekulation mislykkes det overvældende omfang af kynisk desensibilisering; en aftagende redningsfilosofi forvandles til en ny receptivitet – til en ekstase.

Først når subjektet nærmer sig grænsen for sin oprettelsesanstrengelse, kan det befri sin udmattelse for det uantagelige og helt igennem føle sin herkomst af fødselsskrækken, af det at styrte ud og blive liggende, af det at være for tung for sig selv. Så snart den defensive selvfødende anspændelse smuldrer, kommer en indre flod af udbrud, der drypper gamle selverkendelser om den første fødsel ind i nutiden.

Sloterdijk, s. 108, 1989/2022

Tusmørkefilosoffer

Tiden er af lave, diplomatfilosofien, sekundærfilosofien, "filosofferne går da faktisk også på kontoret"; *filosoferen er kunsten at tage imod og give igen i kampen, filosofien kommer af anstrengelser – og fører til anstrengelser, filosofi er det, der holder noget ud.*

Atletiske tænkere udi det normale livspensum er en turbulens, en fluktuation, en katastrofe; med belastningsgrænser, smertegrænser og tålelighedsgrænser beherskes vægte og det ubærlige, som kaos, helvede, ursmerte, hellighed, ophøjelse, væren, intet.

En vigen tilbage for alt det tunge, at opretholde sig selv i det tålelige, som en lettelse af livet svæver kulturens *lettelsesanstrengelser*, som det menneske, der ikke passer, som en energisk bundløshed i værens flække; som den eventyrlige hverdag.

Den elegante refleksivitet i verdens alder synker ned i det overhalede; ned i refleksionseskalationer, tindeoplevelser og opstigningsfantasier – her og nu forvandlet til en proces-melankoli.

Forsvinder næsten sporløst i det rullende hele, som en summende rumsterende automatik, som en epilogisk maskine på en epilogbølge i den stærkt begærede nutidsrus med udsigtsløse vendepunkter, hvor mange suspekte figurer lusker rundt på denne side af muren.

Slemme profetier, underligt muntert med en udvidet frist for kyniske fabrikater i en fremmedgørelsesæra i en slem verden; i en skandaløs skrumpende ventetid med en selvforløsningslære af orientalsk tilsnit indpodes en missionstanke, som en helhedspræget frelse, som en hellig mobilisering.

Denne fremmedgjorte mellemtids ørken, det mest nervøse punkt, er det værste i den endeløse udskydelse; i den tidsåbenhed med utilgivelig afkøling – som en *tømmermandsmelankoli* med maniske nederlag og selvhypnotiske gysere, som infernalsk verdensvanvid.

Som meningstømt mobilisering afbrydes mareridtet i den nuværende krise, som knitrer i nervespidserne, i et stort knald på en ruineret scene forceres en autisme, der bestyrtet glider os af hænde; ligesom at være jordbo.

I de kroniske belastningers og truslers tryk bæres verdens byrde som en lettelse med forløsning og tålmod, som på en frelsesdramatisk tidsbue, med profityoga og lettelsesrevolutioner; med løssluppenhed, lykkepolitik og verdensborger-etos i et skrøbelighedsfællesskab i et smerteligt svælg – helt og aldeles på vildspor.

Stiftelsestrylleriets sammenbrud, livsrisikoens aktive løgne som overplastrer hele jorden med dumdristige positurer; et tilintetgørelsesfelttog med de stakkels mellemtidsdjævle – som en levende differens.

Hvis der findes en fællesnævner for den mangfoldighed af kriser, som spalter samtidens bevidsthed, så må den kunne aflæses af den offentlige hemmelighed, som katastroferne plaprer ud med: den nyere tids praksismyte dør, den vesterlandske aktivisme oplever sin afgudeskumring.

Sloterdijk, s. 114, 1989/2022

Progressive frihedsbevægelser

Kultur er kunsten at anlægge oaser…

Fremmedgørelse og nøgenhed; neokynismens arrangement: *"Da der intetsteds findes sandheder, der lader sig besætte uden kamp, og da enhver erkendelse må vælge sin plads i de toneangivende magters og modmagters struktur, så kommer de midler, hvormed man giver erkendelserne gyldighed, næsten til at virke endnu vigtigere end selve erkendelserne."* (Sloterdijk, Kritik af den kyniske fornuft, s. 19, 1983/2021)

En knagen i fugerne, utopien om den elskværdige kritiske dialog, den oplysende samtale, *"filosoferingen" som det eneste, der hjælper livet videre* – den åbne tale; løgn, vildfarelse og ideologi – munterhedens vejvisende sandhedskapaciteter.

Den dialogiske spejling, sammenbruddets frigørelse, den naive arbejdsvilje – og lediggængerne; sandhedsformørkelsens satyr, fræk og dristig i gadefilosofiens hæmningsløshed – leve, le og sørge smudsigt.

Betænkelighedens karrieremageri, et skizoidt hjernefoster i skyggetilværelsen, hvis listige afspaltning kræver det levendes hemmelighed gennem et sfærisk tilflugtssted med harmoni, liv og økologi; råber på det, der skal leve.

Frække afvigelser, en tvingende maskerade, hul og flygtig miskmask, en paranoid kløft fuld af tusmørke, ventilerende genstridigheder; tumlepladsen for tilpasningskrisernes tendenser.

Resignationens plantebede er en indsnævret gnavende og tilslørende pirring, hvis seriøse stivnen murer sig inde i *et kynisk selvmordersamfund*; med bekymrende *dropouts*, med kvælende kræfter og livsvenlige tilflugtsmuligheder.

Under selvmordsfestens diæt, i det katastrofale kompleks med affektstorme og skæbneberuselse, bryder patetiske og diffuse klimaer frem på den rolige overflade; eksistensangst, der berører livsfølelsen, sandhedens time – befrielseskampen.

Under tavshedens sammensværgelser i det knitrende ragnarok, planter den inderste livsnerve en uro, en livsvilje og en omsorg, hvis glimtende varmestrøm udgør "håbets princip"; uforskammet, uanstændigt, dystert og suspekt *biofili*.

Hæslighedens patos, eskalationernes eruption, et forsvar:

"Filosoffen er det menneske, der kan skubbe det forhærdede, vaneprægede og kyniske rutinerede menneske inden i sig selv til side, det menneske som med blot to, tre sætninger uden videre vil forklare ham, hvorfor det hele hænger sammen, som det gør, og hvorfor man ikke bare kan ændre det i kraft af gode hensigter. Filosoffen må give barnet i sig selv en chance, det barn som "endnu ikke forstår" alt dette. Måske er det netop den, der "endnu ikke

forstår", der er i stand til at stille de rigtige spørgsmål." (Sloterdijk, s. 71, 1983/2021)

Den kradsende fristilsetiks knytnæve virker forsvarsløs som en værgeløs, andægtig lytten; når meditationen, "afspændingens indre veje", og den blide skorpes selvopløsende *solmaskine* hvisker verden til tavshed – tabes nærheden, og rækker tunge af den forrykte kur.

Et skævt smil, en melankolsk maske, smalle bedrag og vandremunkes ekstatiske skrig og berusede munde; "aha", vibrerende flimmer, et åbent hjerte, nøgen gråd - refleksivt bøjet arrogance, en skelen.

Isen smelter, ufordærvede røvhuller, noget lort at slippe en vind; at blive kvalt i sit eget lort, at hele de sprækker, der flyder uhæmmet i den "oceaniske følelse".

"Der findes i borgeren en indestængt ulv, der sympatiserer med den bidende filosof." (Sloterdijk, s. 96, 1983/2021)

Kvikhedens forpjuskede listighed; asketens vågne og muntre frihed til at sige fyrsten sandheden:

"Det socialiserede menneske er det menneske, der har mistet sin frihed, efter at det er lykkedes hans opdragere at implantere ønsker, projekter og ambitioner i ham. De skiller ham fra hans indre tid, der kun kender nu'et, og trækker ham ind i forventningernes og erindringernes domæne."
(Sloterdijk, s. 100-101, 1983/2021)

Det er kun fordi jeg ikke blot er identisk med
mig selv, men også er overlegen i forhold til
mig selv, at jeg er i stand til at føre en filosofisk
samtale med mig selv, i hvilken
samvittighedens mesterlige stemme
underholder sig med et stemmevirvar af
affekter, kalkuler og interesser.

Sloterdijk, s. 128, 1989/2022

Anelsen; sådan kan det ikke gå meget længere

"Hvis det sande menneske er det menneske, der forbliver herre over sine egne begær, og som lever fornuftigt i samklang med naturen, så er det klart, at det socialiserede bymenneske forholder sig ufornuftigt og umenneskeligt. Han har virkelig brug for filosoffens lyst til at orientere sig i verden, selv ved højlys dag." (Sloterdijk, s. 101-102, 1983/2021)

En samfundslæge, en medicin, en terapeut og urostifter som spidder de sociale krøblinge og menneskelige dumheder; "stå af ræset", flyde uforstyrret, holde vejret.

"Hvis den vise virkelig er et frigjort væsen, så må han også have løst op for de indre undertrykkelses-instanser i sig selv." (Sloterdijk, s. 108, 1983/2021)

Dydsdressur i krisetider, vanviddets kabinet, den dybe kløft, *selvrealisering i modstanden, selvsplittelse i repressionen,* nøgen og stridbar; fej flugt, tøvende helt og tvivler.

"I det skizoide samfund kan individerne i virkeligheden ofte ikke vide, hvordan de skal forfølge deres egne og egentlige livsinteresser, og hvornår de skal gøre sig til en bestanddel af et defensivt-destruktivt stats- og militærmaskineri." (Sloterdijk, s. 124, 1983/2021)

Øjenkrogens flugt: *"Vi må først flygte ud af vor daglige paranoia, der er blevet til et system, og ind i virkeligheden."* (Sloterdijk, s. 126, 1983/2021)

Det indre gudeøjeblik: *"Gennem meningernes komedieagtige bevægelse bliver dialogen til en flod, som gennem energiske og forbløffende deblokeringer af hovederne frigør bevidstheden, så den kan erfare erfaringen, denne ekstatiske intensitet, der på en og samme gang oplyser sjælen om sandhed, som skønhed og som godhed."* (Sloterdijk, s. 131, 1983/2021)

Et erotisk kraftfelt med potensforstyrrelser, den leende sympati, skruplernes oprejste gang, glædens rappenskralde; en ydmygende kærlighedsnar, som rider på den store fødselshjælpers svigtende og ophøjede løgne – det svage steds hellige skamløshed.

At suge kætterkraften ud, hengivent, perverst, chokerende, besmittende og kryptisk elimineret; en blasfemisk grænse for kødelige dristigheder, hvor smilets spænding og dyrets truende maske styrter i afgrunden.

"Den anden er den indre anden, det endnu ikke tæmmede dyr der vover nedstigningen i de egne hemmeligheder og sjælens slugter – i den animalske lysts farverige svælg. Det er først i det øjeblik, mennesket forsøger fuldstændigt at mane det dyriske inden i sig selv i jorden, at han begynder at

mærke en fare vokse i sig, som det betaler sig at omgås varsomt." (Sloterdijk, s. 144, 1983/2021)

Fortrængte lænker, seksualkemisk udløsning, vilddyrets sjofle spil, en pornografisk gesjæft og raffineret fordummelse i den skizoide tilværelse; franarret.

"Kroppens skønhed, der i platonismen blev anerkendt som sjælens vejviser til den højeste entusiastiske sandhedserfaring, tjener i den moderne pornografi til en cementering af den kærlighedsløshed, som i vores verden har magt til at definere, hvad realitet er." (Sloterdijk, s. 146, 1983/2021)

Dødsbevidsthedens sundhed og alderdom, et filosofisk ligsyn, den "nøgne" død; et indre energetisk drama, en magisk status, besværgeren, *den helbredte patient –* en suspekt talsmand for livet.

"Lysten til at "hjælpe" er lige så human og glædelig som nedslående og tvivlsom, hvis hjælpen gælder et onde, der udspringer af de civilisatoriske selvødelæggelsestendenser." (Sloterdijk, s. 154, 1983/2021)

Parasitære pagter og politiske diæter; arbejds- og levevilkår:

"Den medicin, som ikke længere kender til vitser, men som helt og holdent er stivnet i udøvelsen af

egen og stedfortrædende magt, er omgivet af en iskold atmosfære." (Sloterdijk, s. 155, 1983/2021)

Repressivt menneskemateriale, selvhjælp og lægeurter:

"Den, der indser, at cirklen af fremmedgørelse og flugt altid til sidst vil sluttes i vor egen død, han må være klar over, at det ville være bedre, hvis cirklen blev sluttet i den anden retning, i livet i stedet for i bedøvelsen, i risikoen i stedet for i trygheden, i legemliggørelsen i stedet for i splittelsen."
(Sloterdijk, s. 158, 1983/2021)

De angstfremkaldende erkendelser er famlende og sårbare punkter, der, som svage led i modstandens kæde og vildledningskunst, skaber frontale gennembrud, hvor en sandhedspatos er afmarcheret, hvor fjenden lurer overalt, og hvor rivalerne "går gennem nøglehullet"; pirringsmiljøerne og hjernesanseligheden er her varesamfundets ønskemekanisme – og subversive komponenter.

Tomgangens spionage, invasive livsfølelser, det trygge engagement er blegnet bort; eksistensen indhylles i *samfundssanitære* motiver; "hold dig vågen og munter, lad nu være med straks at løbe, og surmule" – en hovedrystende impulsgiver, og underkuet intelligens.

"Den filosofiske tænkning byder sig i dag til på selvophævelsens marked og slår knuder på sig selv i sin iver efter at behage de ironiske, pragmatiske og strategiske realismer. Risikoen i den slags realistiske metamorfoser er åbenbar: det bliver let til, at det dårlige erstattes af noget endnu dårligere. Der er langt fra den cyniske "ophævelse" af filosofien til det kyniske selvdementi af alt det, den store filosofi har stået for i sine bedste stunder." (Sloterdijk, s. 181, 1983/2021)

Luftspejlinger, oplevelsesfattige hvirvler, vagabonderende helhedspatos, udtømt i praksis; river sig i håret over skadefro afmagtsfilosofi, natur-patetikernes selvhævdelsesetos, entusiastisk sjælefred og "kosmisk passivitet".

En grusom kilde lyste op i det lykkelige øjeblik, hvor en symfonisk proces, én stor planetarisk samtale, en listig uvilje og modig tillid udgjorde den polemiske indfølingstaktik:

"Den, der formår frit at vandre omkring i den kosmiske struktur ligesom i sin hjemstavn, han kan ikke siges at flygte fra sin selvlemlæstelse ind i en molok-helhed; han nærmer sig tværtimod skabende det mulige, samtidig med at han utvunget er i stand til at lade tilværelsen bevares og potenseres."
(Sloterdijk, s. 191, 1983/2021)

Heltemod, dyrkelse af det levende, trofasthed…

Naturligvis ville enhver, der tumler rundt på
naturødelæggelsens skråplan, gerne kunne
redde sig over i en kosmologisk posthistorie,
hvor en suveræn tidsfri væren hersker.

Sloterdijk, s. 159, 1989/2022

Lavmælte propper

"I vore bedste øjeblikke, hvor selv den mest energiske gøren af lutter succes går op i laden, og hvor vi spontant bæres oppe af det levendes rytme, kan modet pludselig melde sig som en euforisk klarhed eller som en vidunderlig i sig selv hvilende alvor. … I lyset af en sådan åndsnærværelse brydes gentagelsens forbandelse. Ethvert bevidst sekund udsletter det håbløst forgangne og bliver til det første i en anden historie." (Sloterdijk, s. 199, 1983/2021)

Selvfødsel i mikro-sfærer, "psyko-akustiske stressfællesskaber"; at være et medium for det, der er værd at tænke, "hypnotisk messe", punkterede engle – ventilerende bortfald.

Resonanskassernes vrangvillighed, medrevet ophidselse, medrevet malstrøm ind mod midten; smigrings-sociologisk forladthed i molekylære masser – affektregimer og tilskuerregression.

Bedøvet autohypnose på horisontalresonansakserne, hvor stjernekulter og sløve beundrere *saltomortalérer* i afmagt og glider sværmerisk som multivulgært medium ind i perverse sammensværgelser.

Løsladte containere på forførende arenaer, der fornærmer, væmmes og foragter den krænkede værdighed; misagtelsesspændingernes underdanighed – undersåtternes appetit.

Hvad der end i fremtiden måtte blive spillet
"på" den gamle jordscene, så vil det i stigende
grad blive jorden selv, der leverer stoffet til
stykkerne.

For os eksisterer den gamle "natur" ikke
længere som en massiv sokkel af kosmiske
præstationer, der altid vil eksistere som noget
givet for alle mennesker. Jorden er for os ikke
længere den endeløst tålmodige
"dyrkendeydende", som den har været for så
godt som alle hidtidige generationer.

Sloterdijk, s. 169 & s. 170, 1989/2022

Mobiliserende kamppotentialer

Den gemene afvertikaliserings tidsalder; para-
rationelle hyklere med strategier for
opmærksomhedspåtvingelse via trivialitet og
specialeffekter – verdens nye mester trygler i foragt.

Svaghedens flugt, fornedrelsesbehovet og "den
oprette gang i banaliteten", i ingenmands-diktaturet
udskriges socialfilosofiske krænkelser af æstetisk,
terapeutisk eller spirituel art; kontaminerede
massenarcisismer med åbne sår –
provokationsterapeuternes selvtab og gentilegnelse.

*"Fremmedgørelsestanken gør den forestilling
plausibel, at enhver aktivitet og enhver dyd i en vis
forstand eksisterer dobbelt hos mennesker, dels i en
vertikal, dels i en horisontal udgave, dels autentisk,
dels korrupt, dels som fornem spontanitet, dels som
billig replik."* (Sloterdijk, Masse og foragt, s. 64,
2000/2021)

Mentalitetspolitiske udløste psykiske epidemier,
menneskemagernes pagt og nedladenhed med

spirituelle træningsrutiner og tab af aura;
transcendensens ebbe:

"Lad os skynde os at gøre filosofien populær".
(Diderot i Sloterdijk, s. 75, 2000/2021)

De ubegavedes agtelsesalliance eksekverer geniets
selvlikvidering i en kulturkamp;

*"... hvor der kæmpes om forskellenes legitimitet og
herkomst overhovedet."* (Sloterdijk, s. 79,
2000/2021)

Slebne differenskulter, broget opmuntrende og
forgæves bejlen; multiprætentiøs svækkelse af
revidérbare ranglister, psykopolitiske
kraftpræstationer og taberdepressioner i
misundelsesspændingernes uplacérbare og
selvmedvirkende ventilationer.

Beundringsværdige taktfølelser og livsagtige
hæmningsløshed, generationsdialektikkens
plumphed; forlegen forbitrelse, beundringsøvelser
der avler dansende stjerner, performancefilosofiske
opdragelsespraktikker, der fører til hjertets
immobilitet = foragt. (ref. Spinoza i Sloterdijk, s. 92,
2000/2021)

Hver enkelt kultur udvikler sin særlige gestik til
at mestre det vanskelige og risikofyldte, den
udvikler sin egen stil i omgangen med det
uomgængelige, sin egen list for at ophæve det,
der ikke lader sig ophæve, sine egne
spilleregler for at gøre det utålelige tåleligt.

Det epokegørende i dag er den oprindelige
baggrunds hævn over de skikkelser og
stilladser, som er blevet stillet op foran den:
den har rejst sig fra sin ubemærkethed og
opsagt sin stilling som leverandør af
selvfølgeligheder. Den gamle økologi med
scene og stykke er gået af lave.

Sloterdijk, s. 170-171 & s. 173, 1989/2022

Hvilepositioner i sindighedens skole

Den filosofiske samtale, samtalen om de store ting,
hvor vi er, når vi hører kontemplativt en væren-i-
klang, som en hørelsens filosofi; hvor det hørbare
hvisker som en indre stemme med apokalyptiske
luner – her våges der, og her er man vågen:

*"Når filosoffen er henført til en sfære, der for de
normale dødelige ikke synes at være af denne
verden, så bibeholder hans hensunkethed i en
tilstand uden ydre hørelse alligevel en dybdeakustisk
relevant mening."* (Sloterdijk, Værens domisticering,
s. 41, 2007/2022)

Henførende besjælinger i hørelsens ekstaser, der,
som bønnekald lytter eufonisk fra mørket, etablerer
en dissonansens svævetilstand i det sårede liv – en
autentisk performance, der beksytter *lytterne for
risikoen for at høre noget nyt.*

Funktionelle meditationer og progressive hypnoser,
tilbagestræbende til hørelsens sted der som tomt er
den regressive trang, den trøstende opium, hvor
ørets ontologi undflys.

Det ulykkelige øres døve plet, og den klangløse
tænkning i den psyko-akustiske vished er et
tvivlsdelirium, en amputationsfantasi, en vandrende
tunghørhed med en indre klingen, med en
hviskende tone.

Døve aktionsprogrammer og klangfølsomme medier
gennemskælver et resonans-gehør, der, som
betydningens forbandelse, og som en uhørt
friskhed, hvis nøgenhed og glade budskab
fremtvinger en skælvende vibration, sker i den
ubestemmelige skakt.

Modstandsløs gennemrystes man i en magnetisk
terapi med seismiske undergrunde, i rystelsens
rædsel; som en stille viddes ejendommelige ro, i
verdens stilhed, med forstummet strenge i
kedsomhedens rystelses-sfærer.

Og hvor engle likvideres med den øvende tilværelse
som asketisk praksis i det vertikalopspændte livs
regime, bliver selvforvandlingskulturer,
livsførelsessystemer og mentale askeser til
øvelsesbevidsthedens forfald.

Og hvor afgrundsdybe attentater i løsrevet apati,
flimrende verdsliggjort i sfæriske øjeblikke og som
skandaløse gevækster, optræder
resonanslegemernes nærhedsfelter og de hybride

sammenfugningers tirren den flakkende sødme og
alle de euforiske slurke.

I en diskret dæmonologi tilhviskes de udhulede
invasioner som hvælvede intim-resonanser med
strålende indsigter i filosofisk besindelse:

*"Det filosofiske øjeblik er et skælv, der gennem-
stemmer den berørte."* (Sloterdijk, Værens
domisticering, s. 166, 2001/2022)

Forrådte kup og verdenstab med skamferende
fortryllelser; i resonans med de nære rædsler, i det
utæmmede og mørke vildnis, i ekstremets magi:

*"Som bekendt spytter ånden de lunkne ud af
munden, mens pragmatismen svarer, at den lune
varme er livets temperatur."* (Sloterdijk, Værens
domisticering, s. 172, 2001/2022)

Det verdensgivende lyn blænder op for det uhyrlige
på en para-naturlig ride-tendens, og den ontologiske
ekstase-teknik sker i tålmodighedens lysning som en
anden "filosofisk fantasi"; som en fantastisk
autentisk øjebliks-signatur – som en sær, sælsom
synkroni.

I rumdannelsernes stille dramaer, med de risikable blokader, hvis vulgære matrix og knoglerester resulterer totalitetsfølsomt i lysningens brændpunkter er der sprængt resonans; som burløse smuttere, som opløst alvor.

Med infinitismens levevæsen og naturåbningsteknikkernes tildragelser, i en maskinel evolution og mutation indretter verdensekstasen hus-affærenes "sfæriske resonanser" som mellem-åbenhed:

"Det sfæriske er en middelværdi mellem den tætte animalske omringning og værens lyse apokalypse; det tillader sine beboere både at lokalisere sig i nærhedsdimensionen og i verdensåbenhedens og verdensyderlighedens uhyrlighed." (Sloterdijk, Værens domisticering, s. 195, 2001/2022)

Som en levende mur af isolerende ophedninger i en risikabel livsform med efterligningsmisundelsernes isoleringsrum, de kropsudelukkende slag, ridser og huller som udløser emancipationsmidler til vågenheden i tomgang, som de sindsrolige udfaldsrum, som de meditative blikke; alle de kasteslag og snitte-operationer, hvis horisonter er beskadiget af utilgængelighedernes fjernheds-følsomme teknik-hylstre.

Forfinelsens pres og forkælelse minder om et bio-
æstetisk drivhus-privilegium, hvor tegnenes lysende
kraft skåner og garanterer den svære
menneskefødsel; tilbageskridtets hylster og
skæbnesvangre luksus-omhu splitter en forkælet
lydighed mellem anatomiske diagrammer og bløde,
verdensløse ansigter.

Permanent tyndhudet og retarderet i
verdenskapable værkssteder brydes erfaringens sår
som en truende dekadence, hvis *"samtale er mere
grundlæggende end den jord, vi står på."*

Skærende indgreb, følsomme beroligelser og
afværgende sindsro standser samklangens
overførelser via en forhøjet hyper-isolerende
spænding, som en "regenerationens
psykosemantik":

*"Efterspørgslen efter regenerative operationer
sætter ind, når fremmedmennesker bliver
menneskets største omverdensrisiko..."* (Sloterdijk,
Værens domisticering, s. 227, 2001/2022)

... spinder ...

Maksimen for menneskelig handlen må nu til
enhver tid kunne føre til undgåelse af
yderligere blind tiltro til jordens bærekraft.

Det er først i kraft af sin evne til at gøre alt
forkert, at mennesket bliver sig det ontologiske
privilegium bevidst, som filosofferne har givet
det dunkle og uigennemskuelige navn frihed.

Sloterdijk, s. 173 & s. 175, 1989/2022

Bevægelsespotentialer

Verdensæterens bekymringer for helheden; "det kan ikke fortsætte på denne måde", befaler en betingelsesløs bevægelse, hvis horisont er porten til en profetisk eruption; et vertikalopspændt overmenneskeprogram, hvor den globale katastrofe med sin monstrøse auras kendetegn lammer kursen mod det umulige.

Den planetariske omkalfatrings troldmandslærlinge må i vor tids overophedede evolution, i den aktuelle verdenskrise, i den psyko-økonomiske desintegrationskrises sammenbrud, i verdenssamfundets økologi, hvor flugten ind i bedøvelsen, den almene immunologi, hvor "liv" er resultatet af et succesfuldt immunsystem, i et anonymt miljø med animalsk og kulturaltruisme, bedrive et asketisk omslag.

En indre stemme, en bydende formaning om at målrette sindet som en livskunst, som et selvoverskridende og "manisk" væsen, deprimeret og resigneret med frigørende kynisme; "må holde showet i gang med dans og fråseri på vulkanens kant."

Selvudviklingsteknikker og livsreguleringer, livsintensiverende livsdiscipliner og livsudfoldelse, arbejdet med sjælens stivhed; "for at skabe rum for viljen og værdifulde følelser".

Begyndelsens poetik, krøblingernes kuvøse, et selvdefineret opvågnings-program, hvis øvelser forvaltes af en psyko-politisk bio-magt, og hvor de indre imperativer som en frigivende og livgivende kraft skaber omvæltende besindelse, træder ud af det sædvanlige, hvor hvert skridt er mirakuløst, som afsondrende livsudøvere i en afskærende verdensflugt, som en afspaltet åndselite vender det øvende samfund verden ryggen.

Pusterummets akrobatik og politiske kulturatletik i overlevelsesspillets væsentlige tomgang med et opfindsomt økologisk budskab, med en kropsliggjort praksis i et mellemområde mellem natur og kultur; bæredygtig i en desorienteret tid, hvor motivationskraft og menneskets mulighedsspektrum navigerer og inspirerer til stolthed, beundring og selvdisciplineret økologi er undtagelsen, skrivningens selv-operation.

"Kun de, der bevæger sig i retning af det økologisk frugtbare, kan håbe på at vinde et forspring, der har en reel værdi for andre i situationen…" (Anders Dunker i sin kommentar: "Suget ovenfra" til Sloterdijk's tekst: "Det absolutte imperativ" i "Ny jord, tidsskrift for naturkritik", s. 159, 2020)

Med verdensvågenhed og alarmberedskab, i vogterfunktionelle opmærksomhedsgrupper adlydes vishedens stemme om den ene jord, der som en metaforisk katastrofegudinde skænker jordboernes

skæbne og planetariske sameksistens; et vågent
kald til de;

*"… mennesker, der føler stort nok til at formidle og
forholde sig til verdenstilstanden."* (Dunker, s. 160,
2020)

… på "de øvendes planet"…

*Menneskets apokalypse er blevet til en dagligdags
ting*, hjemmeliggørende hjemløshed,
samtidsmenneskets afsluttede selvbegribelse; alt
bor i et "omskifteligt blidt lys", synker ned i havet
med omfattende forblændelser og uhyggelige
gæster; alle sammen groteske livs-magere.

Vildfarelses-diagnosen, *et habitualiseret optisk
bedrag eller en tankefejl*, en værenspoetisk,
monovalent ontologi – "at blive herre over det
værende som helhed"; intelligent dialogfærdig og
spontant fleksibel.

En uhyggelig proces med yogiske systemer og
negativ teologi, psykoaktive substanser og
narkotikakulturer samt vestlig psykiatri; en hysterisk
kompositionschance, som flokkens vågne vogter.

Tasternes fingerspidsoperationer, mestrenes
visdom, strider homøo-teknisk mod den
selvberoende egensindighed, mod
succesaccelerationernes "dialog med naturen"; en
intelligens-*accelerando'sk* kryptologi, hvor
frygtholdningernes tidsalder faldbyder et snævert

og overkomplekst, grænseløst og urysteligt
mesterværk i form af *enstasens* citatmosaik.

Genantændelserne bestrider glashuse oversvømmet
af afkodbare afsigelser og blakkede sylespidse,
flimrende sonderinger, hvis slidstærke
øvelsesantropologiske ufortrødne vrimmel
gennemstrømmes af hørelsens filosofi.

En verdensfølsom vågenhed med gehør og
klangtotalitet undflyr gennemskælvets
gennemrystende værenspanik i en afknapning og i
et dybdeakustisk fald med en indre lytten serveret
for døve, der blændes i/af vrimlens grubleres
øvelseseksistens.

Beskidte procesontologiske skydeskiver og triste
ubændige og nænsomme, medrivende
beundringsøvelser og vertikaldifferenstræning,
autoplastiske feedback-sløjfer og
menneskeformeringsregler; stum atletisk og asketisk
filosofisk fitness.

Forkælede øvelsesakrobater, skamferede
underskudsmennesker og væltende
følelseserkendelsers rysteture,
læringsundgåelsesoperationer og årelangt
forfaldsarbejde; øvelsesskolernes i-sfæren-væren,
immunsystemernes beskyttende hinde i
psykoakustiske stressfællesskaber; rum-filosofisk
skum, sølle, besungne resonanslegemer.

Den stoiske basisneurose i det hvælvede rum i et
rum-ontologisk blændværk med inter-intelligente
husaffærer i vildnisset; en tæmning der klandrer de
ryddede lysninger – selvtæmningsforsøgets
intelligenskvalificering.

Præstationspotentialernes bio-æstetiske nik og
parringsteknikker får den infantile snude-dannelse
til at rydde en plads i et snuptag;
vildnisformørkelsens kvaler – på nippet til en
selvkontrolteknologisk "vær-velkommenhedsetik".

Gengangernaturens skygge og bebudelse, en
pompøs højtidelighed, tilbedt og bordødslet som
det store *singulare tantum*; som afvandringernes
masseflugt – som immanensideologier.

En skuffet revision og regres, der eksorbitant pønser
og drister uforblommet på ædruelighedens
metafysiske diæt, som spirituelle øvelsessystemer
med udbredelsesdygtige tyngdepunktsskift;
vævestolenes immunitære forfatning:

*"Efter flere århundredes eksperimenter med nye
livsformer har den indsigt udkrystalliseret sig, at
mennesker, ligegyldigt hvilke etniske, økonomiske
og politiske betingelser de lever under, ikke kun
eksisterer i "materielle forhold", men snarere også i
symbolske immunsystemer og rituelle hylstre."*
(Sloterdijk, Du skal ændre dit liv. Om antropoteknik,
s. 89, 2009, 2022)

Vrøvlets konfuse midte, et rømmende liv i øvelser,
på selvfrembringelsens plads med urokkelighedens
rødme og den uantastede, afvisende tilvænning til
de diætologiske og asketologiske
rotationsfænomener; som bevaringsinteressernes
tråde.

*Erkendelsesprofittens, kognitive kapital,
immundispositivernes sårbarhedsforventninger;*
grænsetroppernes sans for transcendens som socio-
og psyko-immunologiske parasitter:

*"Herunder forstår jeg de mentale og psykiske
øvelsesmetoder, hvorved mennesker fra de mest
forskelligartede kulturer har forsøgt at optimere
deres kosmiske og sociale immunstatus stillet over
for vage livsricisi og akutte dødsvisheder."*
(Sloterdijk, s. 98, 2009, 2022)

At "arbejde på dig selv" i livets udsathed, træne og
øve i et tiltagende forfladigende *reservat afskærmet
af metafysiske hegnspæle*, i den "menneskelige
haves" mellemzones buer og kultur-støj:

*"Haver er indhegnede områder, hvor vækster og
kunster møder hinanden. De danner "kulturer" i
ordets ukompromitterede forstand. Den, som
betræder det menneskeliges have, støder på de
mægtige lag af regulerede indre og ydre handlinger
med immunsystemisk tendens, der lægger sig over*

biologiske substrater. I betragtning af kulturernes verdensomspændende krise..." (Sloterdijk, s. 101, 2009, 2022)

Overlevelsesværdighedens kulturrum og meta-idolernes præstationsfelter, vandalisme og invasiv vulgarisme – "sig selv overlegen"; *et opadstigende tendensdyr* – hvor adepter inficeres.

I nærtliggende hellige distrikter med selvsikre neurologer og funktionel fremmedgørelse, under filosofisk beskyttelse, indsnævres en deserteret, konfus eksistens, hvis rangforskel; "at-lade-sig-sige-noget" i en sensibilistisk-atmosfære, med hele blikket af; *at have noget at sige*, sker *snakkens galoperende inflation* med pergamentagtige, *troværdige meningserfaringer*.

Med omridset af en skulptur og med ruinromantisk konspiration samt mysteriøs lemlæstelse krænkes værenssætningernes appelkræfter, figurernes gestusser, og de missionsmægtige krøblinge med værens-opfyldte, kritiske punkter og betydningsfuldhedsfølelsernes hypnotiske stumper; med udviklingsegnet klarsyn og grebethed gløder magma og væv:

"Når jeg accepterer, at der – på den sønderlemmede stens skinnende overflade – er lutter "steder", der svarer til øjne og ser på mig: så udfører jeg en operation af mikroreligiøs kvalitet – som man, når den først er forestået, også genkender som primær

model for en "from" indre handling på alle niveauer i de makroreligiøst udbyggede systemer." (Sloterdijk, s. 114, 2009, 2022)

I *et transgennemskinneligt øjeblik*, i det autoerotiske inderste endnu-ikke, og i den *metanoetiske* hvilende springkraft med træningsaffektens strålekraft og vitalitetsforskelliggørende genkomst, som en atletisk mana og en kulturombygningsproces' orienteringsenergi, kommer livssvæklinge i gymnastisk form; *gymnos* = nøgen.

Genverdsliggørelsens forlegenhed og de forkyndende færdighedsmennesker, er, som selvformindskende læringsmaskiner, et levende sætteri, der, gennem prægeværkstedernes behandlingscentre, seriefremstilles; som en eksemplarisk udvækst opdrættes infame, neddæmpende og stedfæstende bogholderier, der pantsætter de rastløse knogler gennem øvelsernes livsprogrammer og rumudvidelseschok.

"... universet af øvende adfærd, træning og de bevidste samt ubevidste rutiners holden-sig-i-form, hvortil man ironisk nok også må henregne at-komme-ud-af-form via fejltræning og undladelsesøvelser." (Sloterdijk, s. 128, 2009, 2022)

Regenerationsrytmerne:

"Fra gammel tid har man haft en intuitiv forståelse af dette fænomen, og det blev udnyttet til intensiv

*træning allerede i antikken; på den anden side
kendte allerede de gamle til de
overtræningsfænomener, der opstår på grund af
tilsidesættelsen af regenerationsrytmerne."*
(Sloterdijk, s. 129, 2009, 2022)

Forbedringscirkler, den kunnende dyd,
kulturbæreren som gentagelsens vogter og
impulscentrum; begivenhedens gyldne kalv:

*"Det ligger i naturens natur at være
gentagelsessystemer for det, der viser sit værd, og
for kulturer gælder det i næsten lige så høj grad."*
(Sloterdijk, s. 131-132, 2009, 2022)

Rutiner og mirakler;

*"… stil betegner gentagelsens kulturskikkelse. Den,
der har stil, ser også i lykken den gode vane at føle
sig lykkelig. Selv geniet er blot en gruppe af gode
vaner, hvis kollision slår gnister."* (Sloterdijk, s. 132,
2009, 2022)

Menneskeformeringsteknikkernes matrix;

*"… paradoksets tryllekreds, hvis stadige re-
iscenesættelse er betingelsen for, at en kultur kan
fiksere sin høje pol."* (Sloterdijk, s. 132, 2009, 2022)

En restaurativ trænings- og dydsetik som udruget
intensitet, som koncentreret handlingsberedskab,
som "ontologisk territorialform", hvor *at-være-frelst
og-hel* bliver og (gen)skaber livsdynamikkens

refugium; selvintensiveringens selvfornægtelsesdressur, der, som en ”genindlejring”, finder tilbage (efter fremmedgørelsesfaserne) til/som ”verdensbarnet i midten” (Goethe).

Et glimrende al-spejl og kosmisk orakel som virkelighedshungrende potentiale:

”At være menneske vil sige at forvalte sig selv som et værksted for selvrealisering.” (Sloterdijk, s. 137, 2009, 2022)

Personlighedens totalitetspotens!

Den genkomne vismand, ”at være en helgen” som et blandingsvæsen, der ”står for sin livsførelse” i en skyggezone som et jeg der ikke er herre i sit eget hus, som et maskinrum, *der ikke kan ikke-øve sig*; såfremt øvelse betyder;

”… at gentage et handlingsmønster således, at konsekvensen af dets udførelse er en forbedret disposition for den næste udførelse.” (Sloterdijk, s. 145, 2009, 2022)

Svækkelsestilstandenes stumme autopoiesis' permanente selvreproduktion, som et menneske, der arbejder på *at forrådne i levende live* – i en fortløbende genoprettelse, som konstant identitetspleje, som forblindelseskraftens dumhed; det sædvanlige livs camouflerende øvelseskarakter.

Den, der kommer til det endnu åbne forfølger
ikke noget fjernt, men lader sig indhente af det
uopnåeligt nære. I endnuværen blæser
utopiens sande ånd, der ikke kan tillade sig at
"realisere sig selv" uden at misforstå sig selv.

Kun den, der ved hvad det betyder ikke
længere at have noget at gøre, er i besiddelse
af et kriterium for den rigtige bevægelighed. I
stedet for massetræge mobiliseringer fremad
bliver det muligt med en fuldtbevægelig
svæven på stedet.

Sloterdijk, s. 182, 1989/2022

Den ubevidste puffen – stilheden *i* stormen

I "et bekymrings- og ophidselsesfællesskab, der regenereres fra dag til dag" (Sloterdijk, Stress og frihed, s. 48, 2011/2023) er de *stressintegrerende kraftfelter og permanente fremadstyrtende bekymringssystemer*, hvor det gælder om at bevare uroen, dét som samfundet har brug for; kriserne for at overleve.

Krisefortællingernes betydning og nedbrydende logik, den kollektive forargelse over den *"indre driven rundt"* eller *"sjælelige flyden, der ikke bliver hængende ved noget tema"* – denne udsøgte ubrugelighed med den *intense fornemmelse af sin egen væren i nuet*, denne sublime (indre) arbejdsløshed er den allermest aktuelle sorgløshed.

Selvnærværelsen i den rene eksistensfølelse, forundringsøvelsernes tilbagetrækning, den ekstatiske emancipation, der stråler af frisættelse er *generøsitetens filosofi*; rundhåndet og erkendelsesudvidende.

Undren, en smule suspekte, forbløffelsesresistente ensembler i varighedens ubehag og uholdbarhed vidner om irritationstemaer, modspændinger, forargende indbildskheder; angstberedskabets sentimentalitet og de synkrone nervøse svingninger.

Vitalitetstestens optimale og nævneværdige tilstande, sindsbevægelsernes skændselsgerninger som selvvoksende frimodighed, et privilegie kært er uforstyrrede besættelser af ens egen herkomst.

Den implosive frihedsfilosofis formålsløse varen i nu-punkter på tærsklen til intet, med en stille sensation, erobres kvalmens og kedsomhedens euforiske klangfarver; som unyttig undertrykkelse:

"Revolutioner bryder ud, når kollektiver i kritiske øjeblikke intuitivt beregner deres stress-balance på ny og kommer til den slutning, at tilværelsen i den underdanige stress-undgåelses holdning i sidste ende er dyrere betalt end i opstandens stress." (Sloterdijk, s. 71, 2011/2023)

Aflastningseffekternes sensibiliseringer i "det belastede liv" med den eksistentielle tyngdekraft unddrager sig en velfærdskultur, hvis progressive henførthed undviger den "søde følelse af at eksistere"; dyb, radikal afslapning, angstens belønning – et lykkeligt øjeblik.

Revolterende feriegæster med bismag af
restaureringer, med øjeblikke af løsrivelse, og som
frihedspotentialets vidnesbyrd fra bekymringsløse
retræter, skandaliserer samfundets arbejdslejr:

*"… et menneske, der opdager sin egen eksistens og
griber denne i tanker, gør i virkeligheden ikke andet
end at forrette en indre nødtørft – en aktivitet, som
heller ikke den strengeste arbejdsgiver kan have
noget imod, såfremt den ikke trækker ud for længe."*
(Sloterdijk, s. 91, 2011/2023)

Disciplineringen, genbeskæftigelsen og
tvangssocialiseringen, genopladningens nerveteater,
med en ret til ikke at blive forstyrret, med en
eksistentiel bekendelse, en frihedserfaring, der
svæver bort fra det virkeliges arbejdsmarked, hvor
fornemhed og *intellektuel regeneration* omgives af
sympatisk begærs-stress:

*"Et flertal af menneskene på jorden har stadigvæk
opstanden imod det politiske tyranni til gode. Så
godt som alle mennesker i vores tid oplever nu som
før det reales diktatur, ja, de erfarer det mere end
nogensinde, efter at det reale har antaget den
globaliserede cirkulations form og på samme tid er
fordampet i finansspekulationens fantomer."*
(Sloterdijk, s. 105, 2011/2023)

Fuld-panik er ensbetydende med negativ
ekstase; i den opleves en metafysisk
fortvivlelse, det vil sige en indsnøring af jeg'et i
verdens-tab, undergangs-bekymring og dødelig
isolation. Den menneskelige handling er under
indflydelse af "panik-agtige" tilstande i stand til
det værste – navnlig når den paniske energi
kanaliserer sig fremad i gennembruddets
vanvittige programmer.

Under stigende samfundsmæssigt krisepres
kan menneskehedens tilintetgørelsesangst
udlades i kollektive negativ-ekstaser:
selvmordsprogrammer af panisk dødsangst. I
en kultur præget af kommen-til-verden, hvor
de politiske, terapeutiske og religiøse motiver
bringes i det rigtige forhold til hinanden, ville
panikken over tabet af verden blive
transformeret over i en ekstase over at
komme-til-verden.

Sloterdijk, s. 185, 1989/2022